Spargel

und alles, was dazugehört

Spargel

und alles, was dazugehört

OTUS

Vorwort

„Bis Johanni nicht vergessen – sieben Wochen Spargel essen!", so lautet eine Volksweisheit. Die Erntezeit des köstlichen Spargels dauert von Ende April bis zum 24. Juni, dem Johannistag. Die Spargelsaison ist also sehr kurz, man sollte deshalb in dieser Zeit möglichst viele leckere Spargelkreationen auf den Tisch bringen.

Frischer Spargel ist ein Hochgenuss, der immer mehr Liebhaber findet. Er ist gesund und vitaminreich, leicht zuzubereiten und äußerst vielseitig zu verwenden. Gekochter Spargel mit zerlassener Butter oder einer duftigen Sauce hollandaise, aber auch Spargel mit hauchdünnen Schinkenscheiben sind eine Delikatesse.

Mit unserem Spargelkochbuch zeigen wir Ihnen, wie einfach oder raffiniert Sie das königliche Gemüse auf den Tisch zaubern können. Spargelsuppen, Vorspeisen, Salate oder eine Spargelquiche, Sie haben die Qual der Wahl. Genießen Sie Spargeleintöpfe oder gebackenen Spargel, Spargel mit Fleisch oder Fisch. Sie finden für jeden Geschmack das richtige Rezept.

Ob Sie weißen, grünen oder violetten Spargel in Ihrer Küche verwenden, bleibt Ihrem persönlichen Geschmack überlassen. Probieren Sie die Sorten einfach aus und genießen Sie die Zartheit des weißen und das kräftigere, würzige Aroma des grünen oder violetten Spargels.

Spargel wird während der Saison in ausgezeichneter Qualität und zu relativ günstigen Preisen angeboten. Nutzen Sie die Gelegenheit und laden Sie Freunde zu einem geselligen Spargelessen. Ein leichtes Spargelsüppchen, ein scharfer Spargelsalat oder eine Spargelquiche, anschließend vielleicht eine exotische Entenbrust mit Spargel und als Nachtisch ein fruchtiges Dessert – Ihre Gäste werden begeistert sein.

Achten Sie schon beim Einkauf auf erstklassige Qualität und Frische, denn nur dann entfaltet der Spargel sein wundervolles Aroma. Suchen Sie je nach Rezept den Spargel nach den Handelsklassen von Extra bis Klasse II aus. Die Spargelstangen dürfen nicht holzig oder hohl und die Köpfe müssen fest geschlossen sein. Greifen Sie auf alle Fälle zu, wenn Spargel direkt vom Spargelfeld des Erzeugers angeboten wird. Spargel, der frisch gestochen wurde, ist ein Gedicht und durch nichts zu übertreffen.

Seien Sie jedoch wählerisch bei verpacktem Spargel, der fast das ganze Jahr im Handel ist. Oft hat er schon eine lange Reise aus Italien, Spanien, Griechenland oder Marokko und eine lange Lagerzeit hinter sich. Solcher Spargel wird zwar meist sehr günstig angeboten, doch er schmeckt nicht und enthält fast keine Vitamine und Nährstoffe mehr.

Wir hoffen, dass Sie beim Schmökern in unserem Spargelkochbuch Lust bekommen haben, die vielen Rezepte zu testen, und wünschen Ihnen viel Freude und viel Erfolg beim Kochen und noch mehr Spaß beim Genießen.

Ihre Redaktion

Rund um den Spargel

Bereits vor 2 500 Jahren war „asparagos" in Griechenland bekannt. Der Spargel wurde hauptsächlich als Arzneimittel geschätzt, um Zahnschmerzen zu kurieren oder Bienenstiche zu lindern. Als Gemüse bauten erstmals die Römer den Spargel an, wie in ausführlichen Kulturanleitungen überliefert ist. Sie waren es wahrscheinlich auch, die den Spargel im deutschsprachigen Raum bekannt machten.

Zu Beginn des 16. Jahrhunderts war der Spargelanbau in Frankreich und England schon weit verbreitet. In Deutschland pflanzte man erst ab Mitte des 16. Jahrhunderts die ersten Spargelbeete im „Stuttgarter Lustgarten" an. Im Mittelalter wurde Spargel hauptsächlich zu medizinischen Zwecken als Heilpflanze in Klöstern kultiviert. Die Inhaltsstoffe des Spargels werden heute noch in der Homöopathie bei der Behandlung von Blasenkatarrh, Blasen- und Nierensteinen genutzt. Er wird auch als Heilmittel bei Zuckerkrankheit, Milz- und Leberleiden, Hautunreinheiten, Rheuma und Gicht eingesetzt.

Spargel wird in Deutschland auf einer Fläche von etwa 15 000 Hektar angebaut. Die größten Anbaugebiete liegen in Bayern, Niedersachsen, Nordrhein-Westfalen, Hessen, Baden-Württemberg und Brandenburg. Die gesamte Erntemenge wird auf etwa 55 000 Tonnen jährlich geschätzt. So entwickelte sich Spargel zum wichtigsten Gemüse im deutschen Anbau.

Spargel besteht zu etwa 93 Prozent aus Wasser, mit 20 Kalorien (85 Joule) pro 100 g gehört er zu den „schlanken" Gemüsesorten. Er enthält neben der Asparaginsäure, die entschlackend wirkt, Kalium, Phosphor, Kalzium und die Vitamine A, B_1, B_2, C, E und Folsäure, die für die Blutbildung wichtig ist. In weißem Spargel sind 2 g Kohlenhydrate enthalten, er ist relativ zuckerarm und deshalb eine ausgezeichnete Diätspeise für Zuckerkranke. Spargel regt die Nieren- und Darmtätigkeit an, entwässert stark und unterstützt die Funktionen von Leber und Lunge.

Frischen Spargel erkennt man an den fest geschlossenen Spitzen, der Festigkeit der Stangen und einem gleichmäßigen Durchmesser, die Spargelenden dürfen nicht ausgetrocknet sein. Der relativ hohe Preis für Spargel ergibt sich aus dem aufwändigen und arbeitsintensiven Anbau und der mühsamen Ernte.

Weißer und grüner Spargel gedeiht am besten in leichten, sandigen, humosen und wasserdurchlässigen Böden, die sich im Frühjahr schnell erwärmen. Die Pflanzzeit beginnt Mitte März und endet Mitte April. Schon bei einer Außentemperatur von etwa 12 Grad Celsius beginnt der Spargel langsam zu wachsen. Um das Wachstum und die Ernte zu beschleunigen, werden die Spargeldämme meist mit Thermofolien abgedeckt.

Spargel ist eine mehrjährige Staude, deren Wurzelstock, das Rhizom, etwa 35 cm unter der Erdoberfläche liegt und überwintert. Im Frühjahr treibt der Spargel mehrere Sprosse, von denen die wohlschmeckenden Stangen geerntet werden. Nach der Ernte bilden die verbliebenen Sprosse das Spargelkraut. Die Spargelernte beginnt je nach Witterung Ende April und dauert traditionell bis zum 24. Juni. Danach wird die Ernte eingestellt, damit sich die Pflanzen regenerieren und im nächsten Jahr genügend neue Sprosse bilden können.

Am bekanntesten ist der weiße Bleichspargel. Er bleibt im Gegensatz zum grünen oder violetten Spargel bis zur Ernte mit Erde bedeckt. Er wird in Erdwällen kultiviert und gestochen, wenn sich die Erdoberfläche leicht anhebt und sich leichte Risse bilden. Die einzelnen Spargelstangen werden mit den Fingerspitzen sorgfältig freigelegt und am Wurzelstock abgeschnitten. Die Spargelstangen werden in Körbe gelegt und durch Abdecken vor dem Austrocknen geschützt. Als Werkzeug für die Spargelernte dienen lange Stechmesser, die den Trieb vom Wurzelstock trennen, und Kellen, mit denen anschließend die Erde wieder glatt gestrichen wird.

Grüner Spargel wird ohne Spargeldämme angebaut und geerntet, wenn er eine Länge von etwa 20 cm erreicht hat. Er gedeiht auch auf schwereren, durchlässigen Böden in warmem Klima. Auf Temperaturschwankungen reagiert er empfindlich, bei kalter Witterung kann sich die Grünfärbung verzögern. Die Stangen sind etwas dünner als bei weißem Spargel, aber sehr aromatisch und herzhafter im Geschmack.

Frischer, weißer Spargel kann bis zum Verbrauch 2–3 Tage aufbewahrt werden. Dazu wickelt man ihn in ein feuchtes Küchentuch und legt ihn in den Kühlschrank. Grünspargel wächst nach der Ernte weiter, deshalb stellt man ihn bis zur Zubereitung in Wasser.

Wegen seines würzigen Geschmacks wird violetter Spargel hauptsächlich in Frankreich geschätzt. Er wird

gestochen, sobald er die Erdoberfläche leicht durchbrochen hat. Die Spargelspitzen verfärben sich bei Lichteinwirkung durch Anthocyan rasch violett. Violetter Spargel eignet sich für alle klassischen Spargelgerichte.

Spargel wird in verschiedene Handelsklassen eingeteilt. Sie stellen die Qualität sicher und erleichtern den Einkauf. Spargel, den Sie direkt vom Erzeuger erwerben, muss nicht nach Handelsklassen sortiert sein.

Klasse Extra:
12 mm starke, gerade Stangen, die Köpfe sind fest geschlossen, weisen nur wenig „Rost" auf, sind nicht holzig, die Stangen sind nicht gespalten oder hohl.

Klasse I:
10 mm starke, gut geformte Stangen, die nur leicht gebogen sind. Die Köpfe sind fest geschlossen, eine leichte Verfärbung der Stangen ist zulässig.

Klasse II:
8 mm starke Stangen, die nicht ganz gerade sind. Die Köpfe sind weniger fest geschlossen. Stärkere Verfärbungen sind zulässig. Spargel der Klasse II darf leicht holzig sein.

Bruchspargel:
Dieser eignet sich für Suppen oder als Fond. Er ist meist sehr günstig im Preis, die Stangen sind unterschiedlich stark und eventuell auch leicht holzig.

Spargel ist häufig von einem leichten Pilz, dem „Spargelrost", befallen. Er ist unbedenklich und wird beim Schälen entfernt. Durch längeres Wässern verschwindet der Spargelrost ebenfalls, allerdings werden die wasserlöslichen Vitamine und Mineralstoffe ausgeschwemmt.

Alle Handelsklassen sollten folgende Mindesteigenschaften haben:

1. Die Köpfe und Stangen dürfen nicht beschädigt sein.
2. Sie müssen gesund und frei von Fäulnisbefall sein.
3. An den Spargelstangen dürfen weder Sand noch andere sichtbare Fremdstoffe haften.
4. Das Aussehen und der Geruch müssen frisch sein.
5. Spargelstangen dürfen keine Druckstellen oder Quetschungen aufweisen.
6. Die Schnittflächen sollten möglichst glatt und noch feucht sein.
7. Die Stangen dürfen nicht gebrochen, gespalten, hohl oder geschält sein.

Lange Transportwege, Unterbrechungen der Kühlung oder zu hohe Kühltemperaturen schaden dem Spargel. Bereits nach wenigen Tagen verliert er an Qualität, die wertvollen Inhaltsstoffe gehen ebenso verloren wie der köstliche Geschmack. Spargel aus heimischen Anbaugebieten ist deshalb unbedingt vorzuziehen. Er wird während der Saison direkt vom Spargelfeld oder im Hofladen des Erzeugers verkauft und auf Wochenmärkten erntefrisch angeboten.

Bei der Zubereitung von Spargel sollten einige Grundregeln beachtet werden, damit dem Genuss nichts im Wege steht. Spargel wird unter fließendem Wasser gründlich gewaschen, um alle Sandreste zu entfernen. Mit einem Gemüseschäler oder einem speziellen Spargelschäler wird Bleichspargel immer von oben nach unten sorgfältig dünn geschält. Danach schneidet man die holzigen Enden ab. Von frischem Spargel wird meist nur ein 1–2 cm kleines Stück entfernt. Grüner Spargel muss nicht geschält werden.

Anschließend werden die Spargelstangen immer in den kochenden Sud eingelegt und je nach Dicke 10–20 Minuten bissfest gegart. Die Stangen können vor dem Kochen mit Küchenschnur portionsweise gebündelt werden. Dem Kochsud wird pro Liter etwa 1/2 Teelöffel Salz hinzugefügt. 1 Esslöffel Butter im Kochsud verfeinert das Spargelaroma. Die Zugabe von einer Prise Zucker kann vorhandene Bitterstoffe mildern, sie empfiehlt sich besonders beim Kochen von Grünspargel. Bei weißem oder violettem Spargel mindert ein Spritzer Zitronensaft oder 1/2 Zitrone im Kochsud Verfärbungen, die durch das Blattgrün (Chlorophyll) verursacht werden.

Spargel wird in einem großen Topf liegend oder im so genannten „Spargeltopf" stehend in wenig Flüssigkeit gekocht. Der Topf darf nicht aus Aluminium sein, da bestimmte Inhaltsstoffe des Spargels mit Aluminiumoxid reagieren und sich dadurch die Stangen gräulich verfärben. In einem Siebeinsatz für Gemüse wird Spargel besonders schonend gegart. Der Spargel wird über Wasserdampf gedünstet, so gehen nur wenige Vitamine und Spurenelemente verloren. Der Kochsud sollte bei der Herstellung von Suppen oder zum Aufgießen der Sauce stets mitverwendet werden.

Erntefrischer Spargel lässt sich gut einfrieren, dazu wird er gewaschen, geschält und roh portionsweise in Gefrierbeutel verpackt. Er hält im Gefrierschrank etwa 6–8 Monate. Tiefgekühlter Spargel wird vor dem Verbrauch nicht aufgetaut, er kommt gefroren in den Kochsud und wird gegart. So bleibt der Spargel aromatisch und bissfest, die Vitamine werden erhalten.

Eine weitere Möglichkeit, einen Vorrat an leckerem Spargel anzulegen, ist das Einwecken. Man schält den gewaschenen Spargel, legt ihn in saubere Einmachgläser und füllt diese mit leicht gesalzenem, kaltem Wasser auf. Die Gläser werden mit Gummiringen, Deckel und Federklammern verschlossen und in den Einkochtopf mit kaltem Wasser gestellt. Die Gläser sollten dabei zu 3/4 im Wasser stehen. Die Kochzeit beträgt 45–50 Minuten, sobald das Wasser den Siedepunkt erreicht hat. Nach Ende der Kochzeit nimmt man die Gläser heraus und lässt sie erkalten. Anschließend löst man die Federklammern und überprüft, ob die Gläser wirklich geschlossen sind. Eingekochter Spargel kann mindestens 1 Jahr, meist jedoch erheblich länger, aufbewahrt werden.

Spargel enthält nur sehr wenig Nitrat, deshalb können Reste von Spargelgerichten problemlos wieder aufgewärmt werden. Man lässt sie rasch abkühlen und bewahrt sie bis zum weiteren Verzehr im Kühlschrank auf.

Zwar wird Spargel meist gekocht, es ist jedoch auch möglich, Spargel roh zu essen, wobei allerdings auf das besondere Spargelaroma weitgehend verzichtet werden muss. Die im Spargel enthaltene Asparaginsäure entfaltet sich nämlich erst beim Kochen.

Ganz traditionell wird Spargel häufig mit Schinken serviert. Das feine Aroma von heiß- oder kaltgeräucherten Schinkenspezialitäten in Verbindung mit dem zarten Geschmack von weißem Spargel ist ein Hochgenuss.

Servieren Sie einen würzigen, westfälischen Knochenschinken, der über kaltem Buchenholz-Rauch mild geräuchert wurde.

Besonders köstlich schmeckt der kräftige, über Tannenreisig kaltgeräucherte Schwarzwälder Schinken.

Katenschinken aus Norddeutschland hat ein kräftiges, herzhaftes Aroma, er wird mild geräuchert und reift mindestens vier Monate.

Hauchdünn geschnitten wird der italienische Parmaschinken mit seinem milden, nussartigen Geschmack. Er wird mit Meersalz gesäuert und bis zu zwei Jahre in speziellen Reifehäusern luftgetrocknet.

Aus der Schweiz kommt das Bündner Fleisch, das sehr mild ist und eine feste Struktur aufweist. Diese Spezialität aus Rindfleisch wird luftgetrocknet und immer in hauchdünnen Scheiben zum Spargel serviert.

Aus Kotelettfleisch gewinnt man den milden, kalorienarmen Lachsschinken, der nur kurz kaltgeräuchert wird.

Neben geräucherten Schinkenköstlichkeiten passt zu Spargel auch gekochter Vorder- oder Hinterschinken. Er wird gepökelt und anschließend gekocht. Kochschinken ist besonders mild im Geschmack und saftig.

Was wäre ein feines Spargelgericht ohne einen erlesenen Wein. Er sollte nach der jeweiligen Zubereitungsart des Gerichtes, aber vor allem nach dem persönlichen Geschmack ausgewählt werden.

Zu Spargel mit zerlassener Butter gehören trockene, mittelschwere Weine wie Sauvignon blanc, Weißburgunder oder Chardonnay.

Spargel mit Sauce hollandaise ergänzt sich mit körperreichem, trockenem Weißburgunder oder Bordeaux.

Zu Spargel mit Schaumsaucen serviert man fruchtige Weißweine, z. B. halbtrockenen Riesling von der Mosel oder aus der Pfalz, aber auch Muskatweine aus dem Elsass.

Zu Spargelsalaten reicht man leichte, trockene Weißweine, z. B. einen Silvaner aus Franken oder badische Weine. Sehr gut passen auch leichte Weine aus Frankreich oder Italien dazu.

Die besten Spargelrezepte

Grüne Spargelsuppe mit Mozzarella

Für 4 Personen:

250 g Kartoffeln
1 Zwiebel
1-2 EL Butter
100 ml Weißwein
500 ml Gemüsebrühe
1 Lorbeerblatt
einige Wacholderbeeren
einige Pimentkörner
je 1 Zweig Estragon und Thymian
400 g grüner Spargel
Salz, Pfeffer aus der Mühle
1 Prise Muskat
1 Prise Cayennepfeffer
1 Prise Zucker
250 g Mozzarella
einige Tropfen Zitronensaft
einige Tropfen Worcestersauce
Kräuterzweige und Kirschtomatenhälften zum Garnieren

1. Die Kartoffeln schälen, waschen und in Würfel schneiden. Die Zwiebel schälen und fein würfeln.

2. Die Butter in einem Topf erhitzen und die Zwiebelwürfel darin glasig schwitzen.

3. Die Kartoffeln zu den Zwiebeln geben und kurz mitschwitzen. Mit Weißwein und Gemüse- oder Fischbrühe auffüllen.

4. Das Lorbeerblatt, die Wacholderbeeren, die Pimentkörner und die Kräuterzweige in ein Gewürzsäckchen füllen, in die Brühe einlegen und das Ganze bei mäßiger Hitze 10-12 Minuten garen.

5. Den Spargel putzen, die unteren Enden abschneiden. Den Spargel in mundgerechte Stücke schneiden und in die Suppe geben.

6. Weitere 8-10 Minuten garen, anschließend mit Salz, Pfeffer, Muskat, Cayennepfeffer und Zucker abschmecken. Das Gewürzsäckchen und die Spargelköpfe aus der Suppe nehmen und die Suppe im Mixer oder mit dem Pürierstab pürieren.

7. Den Mozzarella in Würfel schneiden, mit den Spargelköpfen und der Suppe in einen Topf geben und einmal aufkochen lassen.

8. Mit Zitronensaft und Worcestersauce abrunden, dekorativ anrichten, mit Kräuterzweigen und Kirschtomatenhälften ausgarnieren und sofort servieren. Anstatt des Mozzarella können sie auch andere Einlagen für die Suppe verwenden. Stremellachs, geräucherter oder gekochter Schinken oder Garnelen eignen sich vorzüglich.

Zubereitungszeit: 30-35 Minuten

Spargelcremesuppe mit Frischkäse

Für 4 Personen:

500 g weißer Spargel
750 ml Gemüsebrühe
50 g Butter
1/2 Zitrone
1 TL Zucker

Außerdem:
200 ml süße Sahne
Speisestärke zum Binden
200 g Doppelrahmfrischkäse
Salz, Pfeffer aus der Mühle
1 Prise Muskat
1 Prise Cayennepfeffer
50 g gemischte, frische Kräuter (Kerbel, Petersilie, Schnittlauch)
Kerbelblättchen zum Garnieren

1. Den Spargel dünn schälen und die unteren Enden abschneiden.

2. Die Gemüsebrühe in einem Topf erhitzen, die Butter, die Zitronenhälfte und den Zucker dazugeben und zum Kochen bringen.

3. Die Spargelstangen in den Sud legen und bissfest garen. Die Hälfte des Spargels herausnehmen und für die Einlage zurücklegen.

4. Den restlichen Spargel weitere 10–12 Minuten köcheln lassen und anschließend im Mixer oder mit dem Pürierstab pürieren.

5. Die Spargelsuppe durch ein Sieb streichen, mit der Sahne in einem Topf erneut erhitzen.

6. Die Suppe mit etwas angerührter Speisestärke leicht binden und den Frischkäse einrühren.

7. Die Spargelcremesuppe mit Salz, Pfeffer, Muskat und Cayennepfeffer kräftig abschmecken und die verlesenen, gewaschenen und fein geschnittenen Kräuter unterheben.

8. Die Spargelstangen in mundgerechte Stücke schneiden, in der Suppe erhitzen, die Suppe mit Kerbelblättchen ausgarnieren und servieren.

Zubereitungszeit: 25–30 Minuten

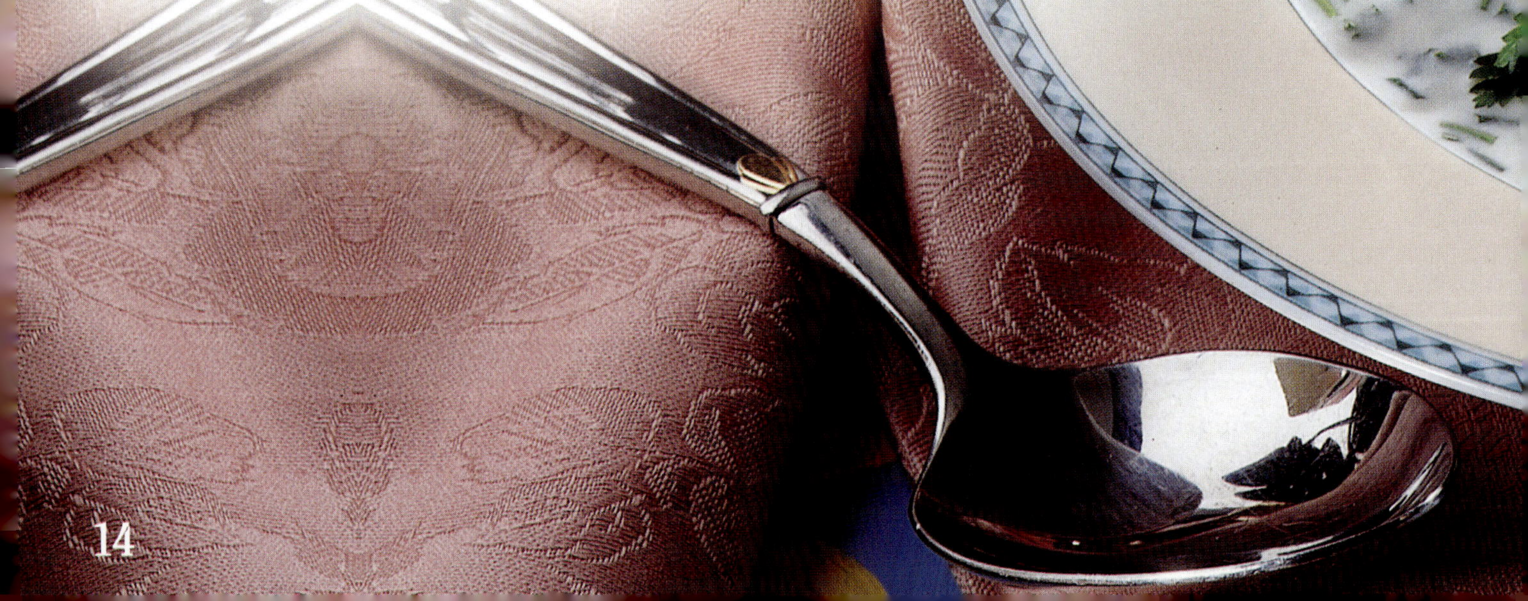

Italienischer Spargelsalat mit rohem Schinken

Für 4 Personen:

1 kg grüner Spargel
1 l Salzwasser oder Gemüsebrühe
50 g Butter
1/2 Zitrone
1 TL Zucker
Salz, Pfeffer aus der Mühle
1 Prise Muskat
1 kleiner Kopf Radicchio
50 g schwarze Oliven
200 g Kirschtomaten
100 g roh geräucherter Schinken

Für das Dressing:
100 ml Spargelfond
75 ml weißer Balsamicoessig
1 Prise Cayennepfeffer
1–2 EL Honig
100 ml Olivenöl

Außerdem:
75 g gemischte Sprossen
50 g frisch gehobelter Parmesankäse
Basilikum zum Garnieren

1. Den grünen Spargel putzen und die unteren Enden abschneiden.

2. Salzwasser oder Gemüsebrühe mit der Butter, der Zitronenhälfte und dem Zucker in einem Topf zum Kochen bringen. Mit Salz, Pfeffer und Muskat würzen.

3. Den Spargel in den Sud einlegen und bei mäßiger Hitze bissfest garen, herausnehmen, gut abtropfen lassen und auf Tellern anrichten.

4. Den Radicchio verlesen, waschen, zerpflücken oder in Streifen schneiden.

5. Mit den gut abgetropften Oliven und den gewaschenen, halbierten oder geviertelten Kirschtomaten sowie dem in hauchdünne Scheiben geschnittenen Schinken auf dem Spargel verteilen.

6. Für das Dressing den Spargelfond mit dem Balsamicoessig verrühren. Mit Salz, Pfeffer, Cayennepfeffer und Honig abschmecken. Zum Schluss das Olivenöl einrühren.

7. Den Salat mit dem Dressing beträufeln, mit den verlesenen, gewaschenen und gut abgetropften Sprossen und dem Parmesankäse bestreuen. Mit Basilikum ausgarnieren und servieren.

Zubereitungszeit: 25–30 Minuten

Spargelsalat mit Garnelen und Mangos

Für 4 Personen:

1 kg weißer Spargel
1 l Salzwasser oder Gemüsebrühe
50 g Butter
1/2 Zitrone
1 TL Zucker
Salz, Pfeffer aus der Mühle
1 Prise Muskat
100 g Friséesalat
1 Mango
200 g geschälte, vorgegarte Garnelenschwänze
2–3 EL Olivenöl
2 Schalotten
2 Knoblauchzehen
1 Prise Cayennepfeffer
1 Msp. gemahlener Koriander
50 g Kräuterbutter

Für das Dressing:
50 ml Weißweinessig
2–3 EL Kräutersenf
50 ml Spargelfond
1 TL Zucker
75 ml Olivenöl
Koriandergrün und Radieschen zum Garnieren

1. Den Spargel dünn schälen und die unteren Enden abschneiden.

2. Salzwasser oder Gemüsebrühe mit der Butter, der Zitronenhälfte und dem Zucker in einem Topf zum Kochen bringen. Mit Salz, Pfeffer und Muskat würzen.

3. Die Spargelstangen in den Sud legen und bei mäßiger Hitze bissfest garen, herausnehmen, gut abtropfen lassen und auf Tellern anrichten.

4. Den Friséesalat verlesen, waschen, gut abtropfen lassen, zerpflücken oder in 1 cm dicke Streifen schneiden.

5. Die Mango dünn schälen, das Fruchtfleisch vom Kern schneiden und würfeln, mit dem Friséesalat vermischen.

6. Die Garnelenschwänze im Olivenöl anbraten, die geschälten und fein gewürfelten Schalotten und Knoblauchzehen dazugeben und kurz mitbraten.

7. Die Garnelen mit Salz, Pfeffer, Cayennepfeffer und Koriander würzen. Zum Schluss die Kräuterbutter untermischen.

8. Den Friséesalat und die Mangowürfel dazugeben und kurz durchschwenken, nachwürzen und den Salat gleichmäßig auf den Spargelstangen verteilen.

9. Für das Dressing den Weißweinessig mit dem Kräutersenf, dem Spargelfond und dem Zucker in einer Schüssel so lange rühren, bis sich der Zucker aufgelöst hat. Mit Salz, Pfeffer und Cayennepfeffer würzen. Das Olivenöl einrühren und das Dressing über den Salat gießen.

10. Den Spargelsalat mit Koriandergrün und Radieschen ausgarnieren und servieren.

Zubereitungszeit: 25–30 Minuten

Spargelterrine im Lachsmantel

Für 4 Personen:

1 kg grüner Spargel
750 ml Gemüsebrühe
1/2 Zitrone
Salz, Pfeffer aus der Mühle
1 Prise Muskat
1 Prise Cayennepfeffer
einige Tropfen Worcestersauce
125 g Crème fraîche
50 g Sahnemeerrettich
8–10 Blatt weiße Gelatine

Außerdem:
250 g Räucherlachs in Scheiben
200 ml süße Sahne
100 g Kirschtomaten
2–3 Schalotten
100 ml Spargelfond
75 ml Kräuteressig
2 EL Karamellsirup
2 EL mittelscharfer Senf
75 ml Olivenöl
Radieschen, Koriandergrün und Kresse zum Garnieren

1. Den Spargel putzen, die unteren Enden abschneiden. Die Brühe mit der Zitronenhälfte in einem Topf erhitzen, mit Salz, Pfeffer, Muskat, Cayennepfeffer und Worcestersauce kräftig würzen. Die Spargelstangen in den Sud legen und bei mäßiger Hitze bissfest garen, herausnehmen und gut abtropfen lassen.

2. 600 ml Spargelfond abmessen und erhitzen. Die Crème fraîche und den Meerrettich einrühren. Die gut gewässerte Gelatine ausdrücken und im Sud auflösen, vom Herd nehmen und erkalten lassen.

3. Eine Terrinenform mit Klarsichtfolie auskleiden und mit Räucherlachsscheiben auslegen.

4. Die Sahne steif schlagen, vorsichtig unter die Spargelcreme heben, abschmecken und die Creme schichtweise mit 250 g Spargelstangen in die Form füllen. Die restlichen Räucherlachsscheiben darauf legen, mit Klarsichtfolie abdecken und im Kühlschrank fest werden lassen.

5. Die Kirschtomaten waschen, den Strunk herausschneiden, die Tomaten halbieren oder vierteln.

6. Die Schalotten schälen und in feine Scheiben schneiden. Den Spargelfond, den Kräuteressig, den Karamellsirup und den Senf in einer Schüssel so lange rühren, bis sich der Karamellsirup aufgelöst hat. Mit Salz, Pfeffer und Cayennepfeffer abschmecken. Zum Schluss das Öl in das Dressing rühren.

7. Die Spargelterrine auf eine Arbeitsplatte stürzen, die Klarsichtfolie entfernen und die Spargelterrine in Scheiben schneiden. Mit dem restlichen grünen Spargel dekorativ anrichten, mit den Schalotten und den Kirschtomaten belegen, mit dem Dressing überziehen. Mit Radieschenscheiben, Koriandergrün und Kresse ausgarnieren und servieren.

Zubereitungszeit: 30–35 Minuten ohne Wartezeit

Spargeltoast mit gebratenen Egerlingen

Für 4 Personen:

500 g grüner Spargel
500 g weißer Spargel
1 l Salzwasser oder Gemüsebrühe
50 g Butter, 1/2 Zitrone
Salz, Pfeffer aus der Mühle
1 Prise Muskat
1 Prise Cayennepfeffer

Außerdem:
200 g Egerlinge
Saft von 1/2 Zitrone
2–3 EL Butter
2 Schalotten
100 g Kirschtomaten
8–12 Scheiben Toastbrot

Für die Sauce:
4 Eigelb, 100 ml Weißwein
einige Tropfen Zitronensaft
einige Tropfen Worcestersauce
1 Prise Zucker
150 ml flüssige, handwarme Butter
30 g gemischte, frische Kräuter (Dill, Kerbel, Estragon)
Kräuterzweige zum Garnieren

1. Den grünen und den weißen Spargel putzen, je nach Bedarf dünn schälen und die unteren Enden abschneiden. Salzwasser oder Brühe mit der Butter und der Zitronenhälfte in einem Topf zum Kochen bringen. Mit Salz, Pfeffer, Muskat und Cayennepfeffer würzen.

2. Den Spargel sortenweise im Sud bissfest garen, herausnehmen und gut abtropfen lassen.

3. Die Egerlinge putzen, nach Bedarf halbieren oder vierteln und mit Zitronensaft beträufeln. Die Butter in einer Pfanne erhitzen, die geschälten und fein gewürfelten Schalotten darin glasig schwitzen.

4. Die Egerlinge dazugeben und kurz mitschwitzen. Die Tomaten waschen, den Strunk herausschneiden und die Tomaten halbieren oder vierteln. Zu den Schalotten geben und dünsten. Mit Salz, Pfeffer, Muskat und Cayennepfeffer kräftig abschmecken.

5. Das Toastbrot toasten, auf ein Backblech legen, mit den Spargelstangen und den Egerlingen belegen.

6. Für die Sauce die Eigelbe mit dem Weißwein in einer feuerfesten Schüssel glatt rühren. Mit Zitronensaft, Worcestersauce, Zucker, Salz, Pfeffer und Cayennepfeffer würzen und im Wasserbad oder auf dem Herd zu einem Schaum aufschlagen.

7. Die Eicreme vom Herd nehmen und die flüssige, handwarme Butter mit dem Schneebesen tropfenweise einrühren. Zum Schluss die verlesenen, gewaschenen und fein gehackten Kräuter untermischen.

8. Die Sauce auf den Toastscheiben verteilen und unter dem Grill kurz überbacken. Anschließend herausnehmen, anrichten, mit Kräuterzweigen ausgarnieren und servieren.

Zubereitungszeit: 30–35 Minuten

Spargelpfannkuchen mit Räucherlachs

Für 4 Personen:

1 kg bissfest gegarter weißer Spargel

Für den Teig:
200 g Mehl
250 ml Milch
125 ml Mineralwasser
4 Eier
Salz, Pfeffer aus der Mühle
1 Prise Muskat
Butterschmalz zum Ausbacken

Für die Sauce hollandaise:
100 ml Weißwein
Saft von 1/2 Orange
4 Eigelb
einige Tropfen Zitronensaft
einige Tropfen Worcestersauce
Salz, Pfeffer aus der Mühle
1 Prise Zucker
250 ml handwarme, flüssige Butter

Außerdem:
250 g Räucherlachs
gehackte Kräuter zum Bestreuen
Kräuterzweige zum Garnieren

1. Den Spargel gut abtropfen lassen und bereitstellen.

2. Für den Teig das Mehl mit der Milch, dem Mineralwasser und den Eiern in eine Schüssel geben und zu einem glatten Pfannkuchenteig verrühren. Mit Salz, Pfeffer und Muskat würzen.

3. Butterschmalz in einer Pfanne erhitzen und portionsweise dünne Pfannkuchen ausbacken, herausnehmen, je 1-2 Spargelstangen auf einen Pfannkuchen legen, zusammenrollen und warm stellen.

4. Für die Sauce hollandaise den Weißwein mit dem Orangensaft und den Eigelben in eine feuerfeste Schüssel geben.

5. Mit Zitronensaft, Worcestersauce, Salz, Pfeffer und Zucker abschmecken und auf dem Herd oder im Wasserbad zu einem Schaum aufschlagen.

6. Die handwarme, flüssige Butter tropfenweise unter den Eierschaum ziehen.

7. Die Spargelpfannkuchen dekorativ anrichten, mit der Sauce hollandaise übergießen. Räucherlachsscheiben dazulegen, mit gehackten Kräutern bestreuen, mit Kräuterzweigen ausgarnieren und sofort servieren.

Zubereitungszeit: 30–35 Minuten

Spargelgemüse mit Kartoffelschmarren

Für 4 Personen:

Für den Kartoffelschmarren:
500 g mehlig kochende Kartoffeln
Salzwasser
2 Eigelb
50 g Mehl
Salz, weißer Pfeffer aus der Mühle
1 Prise Muskat
Butterschmalz zum Ausbacken

Für das Spargelgemüse:
2–3 Karotten
1 Zwiebel
2–3 EL Butter
500 g Spargel
100 ml Weißwein
200 ml Gemüsebrühe
200 ml süße Sahne
Speisestärke zum Binden
1 Prise Zucker
1 Prise Cayennepfeffer
250 g grüne Erbsen (TK-Produkt)
einige Tropfen Zitronensaft
einige Tropfen Worcestersauce
Kräuterzweige zum Garnieren

1. Die Kartoffeln unter fließendem Wasser abbürsten, im Salzwasser zum Kochen bringen und 18–20 Minuten garen. Die Kartoffeln abgießen, leicht erkalten lassen, pellen und durch die Kartoffelpresse treiben.

2. Die Eigelbe mit dem Mehl unter das Kartoffelpüree rühren, mit Salz, Pfeffer und Muskat kräftig abschmecken.

3. Das Butterschmalz in einer Pfanne erhitzen. Den Kartoffelteig einfüllen, glatt streichen und im auf 180–200 °C vorgeheizten Backofen 10–15 Minuten backen.

4. Das Ganze aus dem Ofen nehmen, mit einer Gabel zerpflücken und auf der heißen Herdplatte goldgelb fertig braten.

5. Für das Spargelgemüse die Karotten schälen und in Scheiben schneiden. Die Zwiebel schälen und fein würfeln.

6. Die Butter in einer Pfanne erhitzen. Die Zwiebel und die Karotten dazugeben und glasig schwitzen.

7. Den Spargel putzen, dünn schälen, in mundgerechte Stücke schneiden, zu den Karotten geben und kurz mitschwitzen.

8. Den Weißwein und die Gemüsebrühe angießen und das Gemüse bissfest garen.

9. Die Sahne angießen, einmal aufkochen lassen und mit etwas angerührter Speisestärke leicht binden. Mit Salz, Pfeffer, Zucker und Cayennepfeffer würzen.

10. Die grünen Erbsen untermischen und mitgaren. Das Gemüse mit Zitronensaft und Worcestersauce abrunden, dekorativ anrichten. Den Kartoffelschmarren dazugeben, mit Kräuterzweigen ausgarnieren und servieren.

Zubereitungszeit: 35–40 Minuten

Schrobenhauser Spargelquiche mit Frischkäse

Für 4 Personen:

400 g frischer, weißer Spargel
400 g grüner Spargel
1 l Gemüse- oder Geflügelbrühe zum Garen
40 g Butter
40 g Mehl
400 ml Spargelfond
200 ml süße Sahne
Salz, Pfeffer aus der Mühle
1 Prise Muskat
1 Prise Cayennepfeffer
1 Prise Zucker
125 g geriebener Butterkäse
125 g Frischkäse
1 Bund Dill
1 Packung Quiche-Teig (Fertigprodukt aus dem Kühlregal)
Tomatenecken und Dillzweige zum Garnieren

1. Den weißen und den grünen Spargel putzen, den weißen Spargel dünn schälen.

2. Die Gemüse- oder Geflügelbrühe erhitzen und den Spargel darin bissfest garen, herausnehmen und gut abtropfen lassen.

3. Die Butter in einem Topf erhitzen. Das Mehl mit dem Schneebesen einrühren, 400 ml kalten Spargelfond angießen und das Ganze zu einer sämigen Sauce verkochen.

4. Die Sahne unterrühren und einmal aufkochen lassen. Mit Salz, Pfeffer, Muskat, Cayennepfeffer und Zucker kräftig abschmecken, vom Herd nehmen und leicht erkalten lassen.

5. Den geriebenen Butterkäse und den Frischkäse mit dem verlesenen, gewaschenen und fein geschnittenen Dill unter die Sauce ziehen.

6. Den Quiche-Teig ausrollen und ein großes Backblech oder vier Pizzaformen damit auslegen. Die Spargelstangen gleichmäßig darauf verteilen. Mit der Sauce überziehen und im auf 180–200 °C vorgeheizten Backofen 25–30 Minuten backen.

7. Nach Ende der Backzeit die Spargeltorte herausnehmen, dekorativ anrichten, mit Tomatenecken und Kräuterzweigen ausgarnieren und servieren.

Zubereitungszeit: 45–50 Minuten

Polentaplätzchen auf Spargelgemüse

Für 4 Personen:

30 g Butter
2 Schalotten
2–3 Knoblauchzehen
700 ml Milch
125 g Polentagrieß
Salz, Pfeffer aus der Mühle
1 Prise Cayennepfeffer
1 Prise Muskat
Butterschmalz zum Ausbacken

Außerdem:
je 300 g bissfest gegarter grüner und weißer Spargel
200 g Kirschtomaten
50 g Butter
1 Zwiebel
4 Knoblauchzehen
Saft von 2 Zitronen
100 ml Weißwein
100 ml Gemüse- oder Geflügelbrühe
1–2 EL Honig
Kräuterzweige zum Garnieren
geraspelte Zitronenschale zum Bestreuen

1. Die Butter in einem Topf erhitzen, die Schalotten und die Knoblauchzehen schälen, fein hacken, ins Fett geben und glasig schwitzen.

2. Die Milch angießen und zum Kochen bringen. Den Polentagrieß mit dem Schneebesen einrühren, einmal aufkochen lassen. Mit Salz, Pfeffer, Cayennepfeffer und Muskat würzen.

3. Den Polentabrei etwa 1/2 cm dick auf ein Backblech streichen und vollständig auskühlen lassen.

4. Aus dem Teig Plätzchen ausstechen. Butterschmalz in einer Pfanne erhitzen und die Plätzchen darin goldgelb ausbacken.

5. Den bissfest gegarten Spargel in mundgerechte Stücke schneiden. Die Kirschtomaten waschen und den Strunk herausschneiden. Die Butter in einer Pfanne erhitzen.

6. Die Zwiebel und die Knoblauchzehen schälen und fein würfeln. Ins Fett geben und glasig schwitzen. Den Spargel und die Kirschtomaten dazugeben und kurz durchschwenken.

7. Mit Zitronensaft, Weißwein und der Gemüse- oder Geflügelbrühe auffüllen. Den Honig einrühren und das Ganze bei mäßiger Hitze 3–4 Minuten köcheln lassen.

8. Das Spargelgemüse mit Salz, Pfeffer und Cayennepfeffer kräftig abschmecken. Mit den Polentaplätzchen dekorativ anrichten, mit Kräuterzweigen ausgarnieren, mit geraspelter Zitronenschale bestreuen und servieren.

Zubereitungszeit: 30–35 Minuten

Buntes Spargelgemüse mit Krebsschwänzen

Für 4 Personen:

500 g weißer Spargel
1 l Salzwasser oder Gemüsebrühe
30 g Butter
1/2 Zitrone
1 TL Zucker
Salz, Pfeffer aus der Mühle
1 Prise Muskat
1 Prise Cayennepfeffer

Außerdem:
200 g Kartoffeln
200 g Karotten
200 g Sellerie
200 g Rosenkohl
200 g grüne Bohnen
250 g gekochte, geschälte Flusskrebsschwänze oder Garnelen
1 Bund Petersilie

1. Den Spargel dünn schälen und die unteren Enden abschneiden.

2. Salzwasser oder Gemüsebrühe mit der Butter und der Zitronenhälfte in einem Topf zum Kochen bringen. Mit Zucker, Salz, Pfeffer, Muskat und Cayennepfeffer kräftig würzen.

3. Die Spargelstangen in den Sud legen und bei mäßiger Hitze bissfest garen, herausnehmen, gut abtropfen lassen und in mundgerechte Stücke schneiden.

4. Die Kartoffeln schälen, waschen und mit einem Kugelausstecher ausstechen. Die Karotten dünn schälen und in mundgerechte Stücke schneiden.

5. Den Sellerie putzen, waschen und in Stücke schneiden. Mit den Kartoffelkugeln und den Karotten im Spargelsud bei mäßiger Hitze 10 Minuten köcheln lassen.

6. In der Zwischenzeit den Rosenkohl putzen, nach Bedarf halbieren oder vierteln, die Bohnen putzen, zum Gemüse geben und weitere 10–15 Minuten garen.

7. Nach Ende der Garzeit die Spargelstücke und die Krebsschwänze in den Gemüseeintopf geben und erhitzen, nochmals abschmecken, anrichten, mit der verlesenen, gewaschenen und fein gehackten Petersilie bestreuen und servieren.

Zubereitungszeit: 30–35 Minuten

Gebackener Spargel mit Orangen-Mango-Sauce

Für 4 Personen:

1 kg weißer Spargel
1 l Salzwasser oder Gemüsebrühe
30 g Butter, 1/2 Zitrone
1 TL Zucker
Salz, Pfeffer aus der Mühle
1 Prise Muskat
1 Prise Cayennepfeffer

Außerdem:
Mehl zum Wenden, 4 Eier
250 g Semmelbrösel
50 g Sesamsamen
Fett zum Ausbacken

Für die Sauce:
2 Zwiebeln, 2 Knoblauchzehen
2–3 EL Olivenöl
250 ml Weißwein
50 g Mango-Chutney
200 ml Spargelfond
Speisestärke zum Binden
2 Orangen
2–3 EL Obstessig, 2–3 EL Honig
1 Msp. Chiliflocken
1 Bund Schnittlauch

1. Den Spargel dünn schälen und die unteren Enden abschneiden. Salzwasser oder Gemüsebrühe mit der Butter, der Zitronenhälfte und dem Zucker in einem Topf zum Kochen bringen. Mit Salz, Pfeffer, Muskat und Cayennepfeffer abschmecken.

2. Die Spargelstangen in den Sud legen und bei mäßiger Hitze bissfest garen, herausnehmen und gut abtropfen lassen.

3. Die Spargelstangen in Mehl wenden. Die Eier in einer Schüssel verschlagen. Semmelbrösel und Sesamsamen in einer zweiten Schüssel vermischen.

4. Die Spargelstangen durch die Eier ziehen und mit den Semmelbröseln panieren.

5. Fett in einem Topf erhitzen und die Spargelstangen darin goldgelb ausbacken, herausnehmen und warm stellen.

6. Für die Sauce die Zwiebeln und die Knoblauchzehen schälen, fein würfeln und im erhitzten Olivenöl glasig schwitzen.

7. Den Weißwein, das Mango-Chutney und 200 ml Spargelfond angießen und einmal kräftig aufkochen lassen. Mit etwas angerührter Speisestärke leicht binden, mit Salz, Pfeffer und Cayennepfeffer kräftig würzen.

8. Die Orangen schälen, filieren, die Orangenfilets in Stücke schneiden, mit dem Obstessig, dem Honig und den Chiliflocken unter die Sauce ziehen, aufkochen lassen und nochmals abschmecken.

9. Die gebackenen Spargelstangen anrichten, die Orangen-Mango-Sauce dazugeben, mit Schnittlauchröllchen bestreuen und servieren.

Zubereitungszeit: 35–40 Minuten

Tomaten-Spargel-Ragout mit Hähnchenbrust

Für 4 Personen:

1 kg grüner Spargel
1 l Salzwasser oder Gemüsebrühe
50 g Butter, 1/2 Zitrone
1 TL Zucker
Salz, Pfeffer aus der Mühle
1 Prise Muskat
1 Prise Cayennepfeffer

Für das Ragout:
150 g Schalotten
2–3 Knoblauchzehen
2–3 EL Butter, 2–3 Tomaten
einige Tropfen Zitronensaft
1–2 EL Olivenöl, 2 Schalotten
100 g Tomatenmark
400 ml passierte Tomaten

Außerdem:
4 Hähnchenbrustfilets
2–3 EL Butterschmalz
1–2 EL Honig
2–3 EL Weißweinessig
50 g gehobelter Parmesankäse
Basilikum zum Garnieren

1. Den Spargel putzen und die unteren Enden abschneiden. Salzwasser oder Gemüsebrühe mit der Butter, der Zitronenhälfte und dem Zucker in einem Topf zum Kochen bringen. Mit Salz, Pfeffer, Muskat und Cayennepfeffer abschmecken.

2. Die Spargelstangen in den Sud legen und bissfest garen, herausnehmen und gut abtropfen lassen.

3. Für das Ragout die Schalotten und die Knoblauchzehen schälen und in Würfel oder Scheiben schneiden. Die Butter in einer Pfanne erhitzen, Schalotten und Knoblauch darin anbraten.

4. Die Tomaten waschen, den Strunk herausschneiden, die Tomaten halbieren, entkernen und in Streifen schneiden. Mit dem Spargel zu den Knoblauchschalotten geben und braten. Mit Zitronensaft beträufeln, mit Salz, Pfeffer, Muskat und Cayennepfeffer würzen.

5. Das Olivenöl in einer zweiten Pfanne erhitzen. Die Schalotten schälen, fein würfeln, ins Fett geben und glasig schwitzen. Das Tomatenmark einrühren, die passierten Tomaten angießen und einmal aufkochen lassen. Mit Salz, Pfeffer, Cayennepfeffer und Zucker würzen.

6. Die küchenfertigen Hähnchenbrustfilets unter fließendem Wasser waschen, trockentupfen, mit Salz und Pfeffer würzen. Das Schmalz erhitzen und die Hähnchenbrustfilets darin auf beiden Seiten anbraten.

7. Die Filets im auf 180–200 °C vorgeheizten Backofen 12–15 Minuten garen. Fünf Minuten vor Garende den Honig und den Essig verrühren und die Filets damit bestreichen.

8. Das Tomaten-Spargel-Ragout anrichten, die Hähnchenbrustfilets in Scheiben auf dem Ragout anrichten. Mit gehobeltem Parmesankäse bestreuen, mit Basilikum garnieren und servieren.

Zubereitungszeit: 35–40 Minuten

Putenrouladen mit Spargelfüllung

Für 4 Personen:

4 große, dünne Putenschnitzel
Salz, Pfeffer aus der Mühle
2 EL Kräutersenf
200 g feines Rinderhack
50 ml süße Sahne
30 g frische, gehackte Kräuter (Petersilie, Basilikum)
1 TL geriebene Zitronenschale
1 Ei
150 g bissfest gegarter Spargel
2–3 EL Butterschmalz
100 ml Weißwein
400 ml Spargelfond

Außerdem:
200 ml süße Sahne
Speisestärke zum Binden
einige Tropfen Zitronensaft
einige Tropfen Worcestersauce
1 Prise Cayennepfeffer
100 g geriebener Butterkäse
Basilikum und Spargelspitzen zum Garnieren

1. Die Putenschnitzel unter fließendem Wasser waschen, trockentupfen, mit Salz und Pfeffer würzen und auf eine Arbeitsfläche legen.

2. Die Putenschnitzel mit dem Kräutersenf bestreichen.

3. Das Rinderhack mit der Sahne, den Kräutern, der Zitronenschale und dem Ei in einer Schüssel zu einer glatten Masse verrühren. Mit Salz und Pfeffer würzen.

4. Die Hackfleischmasse gleichmäßig auf die Putenschnitzel streichen. Den Stangenspargel darauf legen, die Schnitzel zu Rouladen formen, mit Küchenschnur binden oder mit Rouladennadeln feststecken.

5. Das Butterschmalz in einem Bräter erhitzen und die Putenrouladen darin rundherum Farbe nehmen lassen. Den Weißwein und den Spargelfond angießen und im auf 180–200 °C vorgeheizten Backofen 20–25 Minuten garen.

6. Nach Ende der Garzeit die Putenrouladen herausnehmen und warm stellen. Die Sahne in die Sauce einrühren und einmal kräftig aufkochen lassen. Mit etwas angerührter Speisestärke leicht binden.

7. Die Sauce mit Zitronensaft, Worcestersauce, Salz, Pfeffer und Cayennepfeffer kräftig abschmecken und in eine Auflaufform geben. Die Putenrouladen einsetzen, mit geriebenem Butterkäse bestreuen und im auf 200–220 °C vorgeheizten Backofen 6–8 Minuten überbacken.

8. Die Putenrouladen mit der Sauce auf heißen Tellern anrichten, mit Basilikum und Spargelspitzen garnieren, mit Grilltomaten, Butternudeln und Spargel servieren.

Zubereitungszeit: 40–45 Minuten

Orangenente mit Chilispargel

Für 4 Personen:

1 küchenfertige Ente (etwa 1,5 kg)
Salz, Pfeffer aus der Mühle
1 EL gerebelter Majoran
1 kleiner Apfel
1 Orange
1 Zwiebel
Saft von 2 Orangen
250 ml Gemüse- oder Geflügelbrühe

Für den Chilispargel:
1 kg grüner Spargel
1 l Salzwasser oder Gemüsebrühe
50 g Butter
1/2 Zitrone

Außerdem:
1 Zwiebel
1 rote und 1 grüne Chilischote
1-2 EL Butter
100 ml Weißwein
2-3 EL Honig
Speisestärke zum Binden
Orangenscheiben und Physalis zum Garnieren

1. Die Ente unter fließendem Wasser waschen, trockentupfen, mit Salz, Pfeffer und Majoran innen und außen würzen.

2. Den Apfel waschen, die Orange unter heißem Wasser abbürsten, die Zwiebel schälen, in grobe Würfel schneiden, die Ente damit füllen und in einen Bräter setzen.

3. Den Orangensaft und die Gemüse- oder Geflügelbrühe angießen und die Ente im auf 160-170 °C vorgeheizten Backofen 1 1/2-2 Stunden garen.

4. In der Zwischenzeit den Spargel putzen und die unteren Enden abschneiden.

5. Salzwasser oder Gemüsebrühe mit der Butter und der Zitronenhälfte in einem Topf zum Kochen bringen, mit Salz und Pfeffer würzen. Die Spargelstangen in den Sud legen und bissfest garen, herausnehmen, gut abtropfen lassen und warm stellen.

6. Die Zwiebel schälen und fein würfeln. Die Chilischoten halbieren, entkernen, waschen und in Würfel oder Scheiben schneiden.

7. Die Butter in einer Pfanne erhitzen, Zwiebelwürfel und Chilis dazugeben und glasig schwitzen. Den grünen Spargel hinzufügen, durchschwenken, vom Herd nehmen und bereitstellen.

8. Nach Ende der Garzeit die Ente aus dem Ofen nehmen und portionieren. Die Sauce zum Spargel geben und einmal kräftig aufkochen lassen. Mit etwas angerührter Speisestärke leicht binden.

9. Nochmals abschmecken, auf heißen Tellern anrichten, die Entenstücke darauf legen, mit Orangenscheiben und Physalis ausgarnieren und servieren.

Zubereitungszeit: etwa 2 Stunden

Spargel-Hähnchen-Ragout in Weissweinrahm

Für 4 Personen:

500 g weißer Spargel
250 g Bundmöhrchen
200 g Rosenkohl
250 g Brokkoli
1 Zucchini
1 l Salzwasser oder Gemüsebrühe
50 g Butter
1/2 Zitrone
Salz, Pfeffer aus der Mühle
1 Prise Muskat
1 Prise Cayennepfeffer

Außerdem:
500 g Hähnchenbrustfilet
2–3 EL Butterschmalz
1 Zwiebel
2 Knoblauchzehen
100 ml Weißwein
400 ml Gemüsefond
200 ml süße Sahne
Speisestärke zum Binden
einige Tropfen Zitronensaft
einige Tropfen Worcestersauce
Kräuterzweige zum Garnieren

1. Den Spargel dünn schälen und die unteren Enden abschneiden.

2. Die Möhren, den Rosenkohl, den Brokkoli und die Zucchini entsprechend putzen und in mundgerechte Stücke schneiden.

3. Salzwasser oder Gemüsebrühe mit der Butter und der Zitronenhälfte in einem Topf zum Kochen bringen.

4. Mit Salz, Pfeffer, Muskat und Cayennepfeffer würzen. Die Spargelstangen in den Sud legen und bei mäßiger Hitze bissfest garen, herausnehmen, abtropfen lassen und in mundgerechte Stücke schneiden.

5. Das restliche Gemüse sortenweise im Spargelfond bissfest garen, herausnehmen und gut abtropfen lassen.

6. Die küchenfertigen Hähnchenbrustfilets unter fließendem Wasser waschen, trockentupfen und in Streifen oder Scheiben schneiden. Das Butterschmalz in einer Pfanne erhitzen und das Fleisch darin kräftig anbraten.

7. Die Zwiebel und die Knoblauchzehen schälen, fein würfeln, zum Fleisch geben und mitbraten.

8. Den Weißwein, den Gemüsefond und die Sahne angießen, zum Kochen bringen und bei mäßiger Hitze 6–8 Minuten köcheln lassen.

9. Mit etwas angerührter Speisestärke leicht binden. Mit Salz, Pfeffer, Cayennepfeffer, Zitronensaft und Worcestersauce abschmecken.

10. Den Spargel und das Gemüse dazugeben und erhitzen. Das Spargel-Hähnchen-Ragout anrichten, mit Kräuterzweigen ausgarnieren und servieren.

Zubereitungszeit: 30–35 Minuten

Zitronenspargel mit Kalbssteaks

Für 4 Personen:

1 kg grüner Spargel
1 l Salzwasser oder Gemüsebrühe
50 g Butter
1/2 Zitrone
Salz, Pfeffer aus der Mühle
1 Prise Muskat
1 Prise Cayennepfeffer

Für die Sauce:
3–4 Schalotten
2–3 Knoblauchzehen
2–3 kleine Zitronen
50 ml Olivenöl
200 g Kirschtomaten
100 ml Weißwein
200 ml Spargelfond
1/2 TL geschroteter Zitronenpfeffer
1–2 EL Honig

Außerdem:
8 kleine Kalbssteaks à 80–100 g
grob geschroteter Pfeffer
2–3 EL Butterschmalz
Kräuterzweige zum Garnieren

1. Den grünen Spargel putzen und die unteren Enden abschneiden.

2. Salzwasser oder Gemüsebrühe mit der Butter und der Zitronenhälfte in einem Topf zum Kochen bringen. Mit Salz, Pfeffer, Muskat und Cayennepfeffer würzen.

3. Die Spargelstangen in den Sud legen und bei mäßiger Hitze bissfest garen, herausnehmen, gut abtropfen lassen und warm stellen.

4. Die Schalotten und die Knoblauchzehen schälen und in Scheiben schneiden. Die Zitronen unter heißem Wasser abbürsten, halbieren und in dünne Scheiben schneiden.

5. Das Olivenöl in einer Pfanne erhitzen, Schalotten, Knoblauch und Zitronenscheiben darin kräftig braten. Die Spargelstangen dazugeben und kurz mitbraten.

6. Die Kirschtomaten waschen, den Strunk herausschneiden, die Tomaten je nach Größe halbieren oder vierteln, zum Spargel geben und mitbraten.

7. Den Weißwein und den Spargelfond angießen, den Zitronenpfeffer und den Honig einrühren. Mit Salz, Pfeffer, Muskat und Cayennepfeffer würzen.

8. Die küchenfertigen Kalbssteaks unter fließendem Wasser waschen, trockentupfen und mit geschrotetem Pfeffer einreiben.

9. Das Butterschmalz in einer Pfanne erhitzen und die Steaks darin braten, salzen und pfeffern. Mit dem Zitronenspargel auf heißen Tellern anrichten, mit Kräuterzweigen garnieren und mit Spagetti servieren.

Zubereitungszeit: 30–35 Minuten

Spargel mit Sauce béarnaise und Schweinefilet

Für 4 Personen:

1 kg weißer Spargel
1 l Salzwasser oder Gemüsebrühe
50 g Butter
1/2 Zitrone
Salz, Pfeffer aus der Mühle
1 Prise Muskat
1 Prise Cayennepfeffer

Für die Sauce:
4 Eigelb
125 ml Weißwein
einige Tropfen Zitronensaft
einige Tropfen Worcestersauce
1-2 EL Estragonessig
1 Prise Zucker
250 ml flüssige, handwarme Butter
100 ml handwarme, gebundene Bratensauce
einige Zweige Estragon und Kerbel

Außerdem:
8 Schweinemedaillons à 80–100 g
Butterschmalz zum Braten
200 g Kirschtomaten
Kräuterzweige zum Garnieren

1. Den Spargel dünn schälen und die unteren Enden abschneiden. Salzwasser oder Gemüsebrühe mit der Butter und der Zitronenhälfte in einem Topf zum Kochen bringen. Mit Salz, Pfeffer, Muskat und Cayennepfeffer würzen.

2. Die Spargelstangen in den Sud legen und bei mäßiger Hitze bissfest garen, herausnehmen und gut abtropfen lassen, warm stellen.

3. Für die Sauce die Eigelbe mit dem Weißwein in eine feuerfeste Schüssel geben und glatt rühren. Mit Zitronensaft, Worcestersauce, Estragonessig, Zucker, Salz und Pfeffer kräftig abschmecken.

4. Das Ganze im Wasserbad oder auf dem Herd zu einem Schaum aufschlagen. Vom Herd nehmen und die flüssige Butter tropfenweise mit dem Schneebesen einrühren.

5. Zum Schluss die Bratensauce einrühren, die verlesenen, gewaschenen und fein gehackten Kräuter untermischen, mit Salz und Pfeffer abrunden.

6. Die küchenfertigen Schweinemedaillons unter fließendem Wasser waschen, trockentupfen, mit Salz und Pfeffer kräftig würzen. Das Butterschmalz in einer Pfanne erhitzen und die Medaillons darin braten.

7. Die Kirschtomaten waschen, den Strunk herausschneiden, die Tomaten halbieren oder vierteln. Kurz vor Garende der Medaillons dazugeben und braten, salzen und pfeffern.

8. Die Medaillons, die Tomaten und den Spargel anrichten, mit der Sauce béarnaise überziehen, mit Kräuterzweigen garnieren und servieren.

Zubereitungszeit: 25–30 Minuten

Kräuterspargel mit scharfem Schweinenacken

Für 4 Personen:

1 kg Schweinenacken (vom Metzger zum Füllen vorbereiten lassen)
Salz, Pfeffer aus der Mühle
250 g Kalbsbrät
1–2 EL Röstzwiebeln (Fertigprodukt)
50 g getrocknete Paprikaschoten oder Tomaten
1 rote Chilischote
2–3 EL Butterschmalz
250 ml dunkles Bier
250 ml Gemüse- oder Fleischbrühe

Für den Kräuterspargel:
1 kg weißer Spargel
1 l Salzwasser oder Gemüsebrühe
1/2 Zitrone, 150 g Butter
2 Schalotten
100 g gemischte, frische Kräuter (Kerbel, Estragon, Petersilie, Schnittlauch)
200 ml Spargelfond
einige Tropfen Zitronensaft
einige Tropfen Worcestersauce
1 Prise Zucker
Kräuterzweige zum Garnieren

1. Den Schweinenacken waschen, trockentupfen, mit Salz und Pfeffer würzen und auf eine Arbeitsfläche legen. Das gut gewürzte Kalbsbrät mit den Röstzwiebeln in eine Schüssel geben. Die fein geschnittenen Paprikaschoten oder Tomaten, die halbierte, entkernte und in Würfel geschnittene Chilischote hinzufügen und alles zu einer glatten Masse verrühren.

2. Die Masse mit Salz und Pfeffer würzen, auf dem Schweinenacken verteilen, diesen zusammenrollen und mit Küchenschnur binden.

3. Das Schmalz in einem Bräter erhitzen und das Fleisch darin Farbe nehmen lassen. Das Bier und die Brühe angießen und den Braten im auf 160–170 °C vorgeheizten Backofen 80–90 Minuten garen.

4. In der Zwischenzeit den Spargel dünn schälen und die unteren Enden abschneiden. Salzwasser oder Brühe mit der Zitronenhälfte zum Kochen bringen, mit Salz und Pfeffer würzen. Die Spargelstangen einlegen und bei mäßiger Hitze bissfest garen, herausnehmen, gut abtropfen lassen und warm stellen.

5. Die Butter erhitzen, die Schalotten schälen, fein würfeln, ins Fett geben und glasig schwitzen. Die fein geschnittenen Kräuter untermischen. 200 ml Spargelfond angießen und einmal kräftig aufkochen lassen. Mit Zitronensaft, Worcestersauce und Zucker abrunden. Den Spargel einlegen und erhitzen.

6. Den gegarten Schweinenacken aus dem Ofen nehmen und in Scheiben schneiden. Die Sauce aufkochen lassen, mit Salz, Pfeffer und Zucker abrunden. Das Fleisch mit der Sauce und dem Kräuterspargel anrichten, mit Kräuterzweigen garnieren und mit gebackenen Kartoffelröschen servieren.

Zubereitungszeit: etwa 2 Stunden

Buntes Spargel-Speck-Gemüse mit Rinderfilet

Für 4 Personen:

1 kg weißer Spargel
1 l Salzwasser oder Gemüsebrühe
1/2 Zitrone
50 g Butter
Salz, Pfeffer aus der Mühle
1 Prise Muskat
1 Bund Fingermöhrchen
300 g grüne Bohnen
100 g Frühstücksspeckscheiben
50 g Butter

Außerdem:
800 g Rinderfilet
2 EL scharfer Senf
2 EL Chilisauce
Kräuterzweige zum Garnieren

1. Den Spargel dünn schälen und die unteren Enden abschneiden.

2. Salzwasser oder Gemüsebrühe mit der Zitronenhälfte und der Butter in einem Topf zum Kochen bringen. Mit Salz, Pfeffer und Muskat würzen.

3. Die Spargelstangen in den Sud legen und bei mäßiger Hitze bissfest garen, herausnehmen, gut abtropfen lassen und in grobe Stücke schneiden.

4. Die Fingermöhrchen putzen, waschen und in mundgerechte Stücke schneiden, im Spargelsud bissfest garen, herausnehmen, gut abtropfen lassen und warm stellen.

5. Die grünen Bohnen putzen und im Spargelfond bissfest garen, herausnehmen und gut abtropfen lassen. Je 6–8 Bohnen in eine Speckscheibe wickeln.

6. Die Butter in einer Pfanne erhitzen, die Spargelstücke, die Möhrchen und die Speckbohnen darin bei mäßiger Hitze kurz braten.

7. Das küchenfertige Rinderfilet unter fließendem Wasser waschen, trockentupfen, mit Salz und Pfeffer würzen. Den Senf mit der Chilisauce verrühren und das Fleisch damit einstreichen.

8. Das Filet in ein entsprechend großes Stück Alufolie wickeln und im auf 180–200 °C vorgeheizten Backofen je nach Dicke des Filets 20–30 Minuten garen.

9. Nach Ende der Garzeit das Filet aus dem Ofen nehmen, die Alufolie entfernen, das Filet in Scheiben schneiden, mit dem Spargelgemüse anrichten, mit Kräuterzweigen ausgarnieren und servieren.

Zubereitungszeit: etwa 1 Stunde

Schweinegeschnetzeltes auf grünem Spargel

Für 4 Personen:

1 kg grüner Spargel
1 l Salzwasser oder Gemüsebrühe
50 g Butter
1/2 Zitrone
Salz, Pfeffer aus der Mühle
1 Prise Muskat

Für das Geschnetzelte:
800 g Schweinefleisch aus der Oberschale
1 EL geschrotete, schwarze Pfefferkörner
1 EL gerebelter Majoran
2–3 EL Butterschmalz
2–3 Schalotten
1–2 Knoblauchzehen
100 ml Weißwein
400 ml Spargelfond
200 ml süße Sahne
Speisestärke zum Binden
100 g Sahneschmelzkäse
50 g frische, gemischte Kräuter (Petersilie, Schnittlauch, Basilikum)

Außerdem:
2–3 Tomaten
1–2 EL Butter
Kräuterzweige zum Garnieren

1. Den grünen Spargel putzen und die unteren Enden abschneiden. Salzwasser oder Gemüsebrühe mit der Butter und der Zitronenhälfte in einem Topf zum Kochen bringen.

2. Mit Salz, Pfeffer und Muskat würzen, die Spargelstangen einlegen, bei mäßiger Hitze bissfest garen und warm stellen.

3. Das Schweinefleisch unter fließendem Wasser waschen, trockentupfen und in feine Streifen schneiden. Mit geschrotetem Pfeffer und Majoran würzen. Das Butterschmalz in einer Pfanne erhitzen und das Fleisch darin rundherum Farbe nehmen lassen.

4. Die Schalotten und die Knoblauchzehen schälen, fein würfeln, zum Fleisch geben und mitbraten.

5. Den Weißwein, den Spargelfond und die Sahne angießen, zum Kochen bringen und bei mäßiger Hitze 12–15 Minuten köcheln lassen. Mit etwas angerührter Speisestärke leicht binden, mit Salz und Pfeffer abrunden.

6. Den Sahneschmelzkäse und die verlesenen, gewaschenen und fein geschnittenen Kräuter unter das Geschnetzelte ziehen. Die Tomaten waschen, den Strunk herausschneiden, die Tomaten halbieren, entkernen und in Streifen schneiden.

7. Die Butter in einer Pfanne erhitzen und die Tomatenstreifen darin anschwitzen, mit Salz und Pfeffer würzen.

8. Den grünen Spargel auf heißen Tellern anrichten, mit dem Schweinegeschnetzelten überziehen, die Tomatenstreifen darauf geben, mit Kräuterzweigen ausgarnieren und mit Kartoffelpüree servieren.

Zubereitungszeit: 30–35 Minuten

Spargel mit Lachsragout auf Pernodrahm

Für 4 Personen:

1 kg weißer Spargel
1 l Salzwasser oder Gemüsebrühe
50 g Butter
1/2 Zitrone
Salz, Pfeffer aus der Mühle
1 Prise Muskat

Für das Ragout:
800 g Lachsfilet
Saft von 1 Zitrone
einige Tropfen Worcestersauce
500 ml Fischfond
1 gespickte Zwiebel (mit Lorbeer und Nelken)
2–3 EL Weißweinessig

Für die Sauce:
2–3 EL Butter
1 Zwiebel
300 ml Spargelfond
200 ml süße Sahne
Speisestärke zum Binden
2–3 cl Pernod
1 Prise Cayennepfeffer
1 Prise Zucker
50 g frische Kräuter (Petersilie, Dill, Estragon)
Kräuterzweige zum Garnieren

1. Den Spargel putzen, schälen und die unteren Enden abschneiden. Salzwasser oder Gemüsebrühe mit der Butter und der Zitronenhälfte in einem Topf zum Kochen bringen.

2. Den Sud mit Salz, Pfeffer und Muskat kräftig abschmecken und die Spargelstangen darin bissfest garen, im Sud warm halten.

3. Für das Ragout das küchenfertige Lachsfilet unter fließendem Wasser waschen, trockentupfen und in Würfel schneiden.

4. Mit Zitronensaft und Worcestersauce beträufeln, mit Salz und Pfeffer würzen und im Kühlschrank 10–15 Minuten ziehen lassen.

5. Den Fischfond mit der gespickten Zwiebel und dem Weißweinessig in einem Topf zum Kochen bringen. Die Lachswürfel einlegen und bei mäßiger Hitze in 10 Minuten gar ziehen lassen.

6. Für die Sauce die Butter in einem Topf erhitzen. Die Zwiebel schälen, fein würfeln, ins Fett geben und glasig schwitzen.

7. 300 ml Spargelfond und die Sahne angießen und zum Kochen bringen. Mit etwas angerührter Speisestärke leicht binden.

8. Die Sauce mit Pernod, Salz, Pfeffer, Muskat, Cayennepfeffer und Zucker kräftig abschmecken und die verlesenen, gewaschenen und fein geschnittenen Kräuter untermischen.

9. Die Lachswürfel und den Spargel aus dem Sud nehmen, abtropfen lassen, auf der Sauce anrichten, mit Kräuterzweigen ausgarnieren und mit Butterkartoffeln servieren.

Zubereitungszeit: 30–35 Minuten

Spargel-Schinken-Gemüse mit Spinatsauce

Für 4 Personen:

500 g weißer Spargel
500 g grüner Spargel
1 l Salzwasser oder Gemüsebrühe
50 g Butter
1/2 Zitrone
Salz, Pfeffer aus der Mühle
1 Prise Muskat
1 Prise Cayennepfeffer

Außerdem:
50 g Butter
150 g gekochter Schinken
1 Prise Zucker

Für die Sauce:
1-2 EL Butter
1 Zwiebel
2-3 Knoblauchzehen
200 g Blattspinat (frisch oder TK-Produkt)
100 ml Spargelfond
200 ml süße Sahne
1 EL geriebene Limettenschale
Speisestärke zum Binden
Koriandergrün zum Garnieren

1. Den weißen und grünen Spargel putzen, den weißen Spargel schälen, die unteren Enden abschneiden, die Spargelstangen in mundgerechte Stücke schneiden.

2. Salzwasser oder Gemüsebrühe mit der Butter und der Zitronenhälfte in einem Topf zum Kochen bringen, mit Salz, Pfeffer, Muskat und Cayennepfeffer abschmecken.

3. Den weißen und grünen Spargel darin sortenweise bissfest garen, herausnehmen, gut abtropfen lassen und warm stellen.

4. Die Butter in einer großen Pfanne erhitzen, den in feine Streifen geschnittenen Schinken darin anschwitzen.

5. Die Spargelstücke dazugeben und kurz mitschwitzen. Mit Salz, Pfeffer, Muskat, Cayennepfeffer und Zucker abschmecken.

6. Für die Sauce die Butter in einer Pfanne erhitzen. Die Zwiebel und die Knoblauchzehen schälen, fein würfeln, ins Fett geben und glasig schwitzen.

7. Den klein geschnittenen Blattspinat dazugeben und dünsten. Den Spargelfond und die Sahne angießen, die Limettenschale einrühren und das Ganze bei mäßiger Hitze 4-5 Minuten köcheln lassen. Anschließend im Mixer oder mit dem Pürierstab pürieren, erneut erhitzen und mit etwas angerührter Speisestärke leicht binden.

8. Die Spinatsauce mit Salz, Pfeffer, Muskat und Cayennepfeffer abrunden. Mit dem Spargel-Schinken-Gemüse auf heißen Tellern anrichten, mit Koriandergrün garnieren, mit gebratenen Seeteufelfilets und bissfest gegarten Nudeln servieren.

Zubereitungszeit: 20-25 Minuten

Spargel-Schollen-Röllchen auf Paprikasauce

Für 4 Personen:

800 g Schollenfilets
Saft von 1 Zitrone
einige Tropfen Worcestersauce
Salz, Pfeffer aus der Mühle
200 g Blattspinat (TK-Produkt)
300 g bissfest gegarter, grüner Spargel
500 ml Gemüse- oder Fischbrühe
50 ml Obstessig
1 gespickte Zwiebel (mit Lorbeer und Nelken)

Für die Sauce:
1 Zwiebel
2 Knoblauchzehen
2 rote Paprikaschoten
2–3 EL Butter
2 EL Paprikamark
1 TL Paprikapulver rosenscharf
300 ml Fischbrühe
200 ml süße Sahne
Basilikum zum Garnieren

1. Die küchenfertigen Schollenfilets unter fließendem Wasser waschen, trockentupfen, mit Zitronensaft und Worcestersauce beträufeln, mit Salz und Pfeffer würzen und im Kühlschrank 10–15 Minuten ziehen lassen.

2. Den Blattspinat auftauen lassen, die Spargelstangen je nach Länge halbieren oder dritteln.

3. Die Schollenfilets auf eine Arbeitsfläche legen, den Blattspinat gleichmäßig darauf verteilen, je 3–4 Spargelstücke darauf legen und einrollen.

4. Die Röllchen mit Zahnstochern feststecken oder mit Küchenschnur binden.

5. Die Gemüse- oder Fischbrühe mit dem Obstessig und der gespickten Zwiebel in einem Topf zum Kochen bringen. Die Spargel-Schollen-Röllchen darin bei mäßiger Hitze in 8–10 Minuten gar ziehen lassen.

6. Für die Sauce die Zwiebel und die Knoblauchzehen schälen und fein würfeln. Die Paprikaschoten halbieren, entkernen, waschen und würfeln.

7. Die Butter in einer Pfanne erhitzen, Zwiebeln, Knoblauch und Paprikawürfel darin glasig schwitzen. Das Paprikamark einrühren, mit Paprikapulver bestreuen, mit der Fischbrühe und der Sahne aufgießen und zum Kochen bringen.

8. Die Sauce bei mäßiger Hitze 8–10 Minuten köcheln lassen, anschließend im Mixer oder mit dem Pürierstab pürieren. Mit Salz, Pfeffer, Zitronensaft und Worcestersauce abrunden.

9. Die Spargel-Schollen-Röllchen auf der Paprikasauce anrichten, mit Basilikum garnieren und mit gedünstetem Bulgur und glasierten Zwiebeln servieren.

Zubereitungszeit: 30–35 Minuten

Gebratener Seelachs auf Spargel-Petersilien-Creme

Für 4 Personen:

300 g weißer Spargel
200 g Petersilienwurzeln
50 g Butter
100 ml Weißwein
200 ml Gemüsebrühe
200 ml süße Sahne
Salz, Pfeffer aus der Mühle
1 Prise Muskat
1 Prise Cayennepfeffer
einige Tropfen Zitronensaft

Außerdem:
4 Seelachsfilets à 180–200 g
einige Tropfen Weißweinessig
einige Tropfen Worcestersauce
Mehl zum Wenden
Butterschmalz zum Braten
1/2 Bund Schnittlauch
Spargelspitzen und Zitronenecken zum Garnieren

1. Den Spargel dünn schälen und die unteren Enden abschneiden, den Spargel in kleine Stücke schneiden. Die Petersilienwurzeln schälen, waschen und würfeln.

2. Die Butter in einer Pfanne erhitzen, Spargel und Petersilienwürfel darin glasig schwitzen.

3. Den Weißwein und die Gemüsebrühe angießen und bei mäßiger Hitze 12–15 Minuten dünsten. Die Sahne dazugeben, einmal aufkochen lassen und das Ganze im Mixer oder mit dem Pürierstab pürieren.

4. Die Sauce erneut erhitzen, mit Salz, Pfeffer, Muskat, Cayennepfeffer und Zitronensaft kräftig abschmecken.

5. Die küchenfertigen Seelachsfilets unter fließendem Wasser waschen, trockentupfen, mit Weißweinessig und Worcestersauce beträufeln, mit Salz und Pfeffer würzen und im Kühlschrank 10–15 Minuten ziehen lassen.

6. Die Seelachsfilets in Mehl wenden. Butterschmalz in einer Pfanne erhitzen und die Seelachsfilets darin braten.

7. Die Spargel-Petersilien-Creme auf heißen Tellern anrichten, die gebratenen Seelachsfilets darauf legen, mit dem verlesenen, gewaschenen und klein geschnittenen Schnittlauch bestreuen.

8. Mit Spargelspitzen und Zitronenecken garnieren, mit einem Karottengemüse und bissfest gegartem Reis servieren.

Zubereitungszeit: 30–35 Minuten

Scharfer Spargelsalat mit gebackenem Kabeljau

Für 4 Personen:

800 g grüner Spargel
1 l Salzwasser oder Gemüsebrühe
1/2 Zitrone
50 ml Olivenöl
Salz, Pfeffer aus der Mühle
1 Prise Muskat
1 Prise Cayennepfeffer
2 Schalotten
1–2 rote Chilischoten
100 ml Spargelfond
2–3 EL süße Chilisauce
1 Prise Zucker
100 ml Erdnussöl

Außerdem:
800 g Kabeljaufilet
einige Tropfen Zitronensaft
einige Tropfen Worcestersauce

Für den Backteig:
4 Eigelb, 100 ml Weißwein
3 gehäufte EL Mehl
2 gehäufte EL Speisestärke
4 Eiweiß, Fett zum Ausbacken
Kräuterzweige zum Garnieren

1. Den Spargel putzen und die unteren Enden abschneiden.

2. Salzwasser oder Gemüsebrühe mit der Zitronenhälfte und dem Olivenöl in einem Topf zum Kochen bringen. Mit Salz, Pfeffer, Muskat und Cayennepfeffer abschmecken und den Spargel darin bissfest garen.

3. Den Spargel herausnehmen, gut abtropfen lassen und in eine Schüssel legen.

4. Die Schalotten schälen und fein würfeln, die Chilischoten halbieren, entkernen und fein würfeln und in eine zweite Schüssel geben.

5. Den Spargelfond und die Chilisauce zu den Chilischalotten geben und verrühren. Mit Salz, Pfeffer und Zucker würzen und das Erdnussöl einrühren.

6. Das Dressing über den Spargel gießen und den Salat im Kühlschrank mindestens 10–15 Minuten ziehen lassen.

7. Die Kabeljaufilets unter fließendem Wasser waschen, trockentupfen, mit Zitronensaft und Worcestersauce beträufeln, mit Salz und Pfeffer würzen und im Kühlschrank 10–15 Minuten ziehen lassen.

8. Für den Backteig die Eigelbe mit dem Weißwein, dem gesiebten Mehl und der Speisestärke in eine Schüssel geben und glatt rühren. Leicht salzen und mit Zucker abrunden.

9. Die Eiweiße steif schlagen und vorsichtig unter den Teig heben. Fett in einem Topf erhitzen, die Kabeljaufilets durch den Teig ziehen und im Fett goldgelb ausbacken.

10. Den scharfen Spargelsalat mit den gebackenen Kabeljaufilets dekorativ anrichten, mit Kräuterzweigen ausgarnieren und mit Waffelkartoffeln servieren.

Zubereitungszeit: 35–40 Minuten

Spargelrisotto mit Steinpilzen

Für 4 Personen:

300 g Rundkornreis
2–3 EL Butter oder Margarine
1 Knoblauchzehe
1 TL Salz
1 Zwiebel
30 g getrocknete Steinpilze
800 ml Gemüse- oder Fleischbrühe
200 ml Weißwein
1/2 TL Safran
Salz, Pfeffer aus der Mühle
1 Prise Cayennepfeffer
1 Prise Muskat
1 Prise Korianderpulver
75 g geriebener Butterkäse
100 ml süße Sahne
600 g bissfest gegarter, grüner Spargel
frisch gehobelter Parmesankäse
1/2 Bund Petersilie

1. Den Rundkornreis unter fließendem Wasser waschen und gut abtropfen lassen.

2. Die Butter oder Margarine in einem Topf erhitzen. Die geschälte, mit Salz zerriebene Knoblauchzehe und die geschälte, fein gewürfelte Zwiebel darin glasig schwitzen.

3. Die Steinpilze klein schneiden, zu den Zwiebelwürfel geben und kurz mitschwitzen.

4. Den Reis untermischen und mitschwitzen. Die Gemüse- oder Fleischbrühe und den Weißwein angießen.

5. Mit Safran, Salz, Pfeffer, Cayennepfeffer, Muskat und Korianderpulver kräftig würzen und im auf 180–200 °C vorgeheizten Backofen 20–25 Minuten ausquellen lassen. Während der Garzeit mehrmals umrühren.

6. Das Risotto aus dem Ofen nehmen und auf die Herdplatte stellen. Den geriebenen Butterkäse, die Sahne und den in Stücke geschnittenen Spargel unterheben und erhitzen.

7. Das Risotto abschmecken, anrichten, mit frisch gehobeltem Parmesankäse bestreuen, mit Petersilie ausgarnieren und servieren.

Zubereitungszeit: 35–40 Minuten

Überbackene Spargelnudeln

Für 4 Personen:

je 300 g grüner und weißer Spargel, 2 l Salzwasser
einige Tropfen Olivenöl
300 g Bandnudeln
3–4 EL Butter, 1 Zwiebel
200 g Kirschtomaten
Salz, Pfeffer aus der Mühle
1 Prise Muskat
1 Prise Cayennepfeffer
300 g Mozzarella
Basilikum zum Garnieren

1. Den Spargel putzen und die Spargelspitzen (4–5 cm) abschneiden, den weißen Spargel dünn schälen, beide Spargelsorten mit dem Sparschäler der Länge nach in dünne Streifen schneiden.

2. Das Salzwasser mit dem Olivenöl in einem Topf zum Kochen bringen und die Spargelstreifen und Spargelspitzen darin garen, herausnehmen und gut abtropfen lassen.

3. Die Bandnudeln im Spargelfond bissfest garen, abgießen, abschrecken und gut abtropfen lassen.

4. Die Butter in einer großen Pfanne erhitzen. Die Zwiebel schälen, fein würfeln, ins Fett geben und glasig schwitzen.

5. Die Nudeln und die Spargelstreifen dazugeben und durchschwenken.

6. Die Kirschtomaten waschen, den Strunk herausschneiden, die Tomaten vierteln, zu den Nudeln geben und kurz mitschwitzen.

7. Mit Salz, Pfeffer, Muskat und Cayennepfeffer abschmecken. Mit dem in Scheiben geschnittenen Mozzarella belegen und in dem auf 180–200 °C vorgeheizten Backofen kurz überbacken.

8. Die Spargelnudeln aus dem Ofen nehmen, mit den Spargelspitzen anrichten, mit Basilikum ausgarnieren und servieren.

Zubereitungszeit: 30–35 Minuten

Spargelpäckchen auf grüner Sauce

Für 4 Personen:

800 g weißen Spargel
1 l Salzwasser oder Gemüsebrühe
50 g Butter
1/2 Zitrone
Salz, Pfeffer aus der Mühle
1 Prise Muskat
1 Prise Cayennepfeffer
200 g roh geräucherter Schinken
Butter zum Ausfetten
150 ml Gemüsebrühe

Für die Sauce:
1-2 EL Butter
1 Zwiebel
2 Knoblauchzehen
100 ml Weißwein
300 ml Spargelfond
50 g gemischte, frische Kräuter (Petersilie, Basilikum, Estragon)
200 ml süße Sahne
Speisestärke zum Binden
50 g Basilikumpesto (Fertigprodukt)
Kräuterzweige zum Garnieren

1. Den Spargel putzen, dünn schälen und die unteren Enden abschneiden.

2. Salzwasser oder Gemüsebrühe mit der Butter und der Zitronenhälfte in einem Topf zum Kochen bringen.

3. Den Sud mit Salz, Pfeffer, Muskat und Cayennepfeffer würzen und die Spargelstangen darin bissfest garen, herausnehmen und gut abtropfen lassen.

4. Je 3-4 Spargelstangen in zwei Scheiben dünn geschnittenen Schinken wickeln und in eine ausgefettete Auflaufform setzen.

5. Die Gemüsebrühe angießen und die Spargelpäckchen in dem auf 180-200 °C vorgeheizten Backofen 10-15 Minuten garen.

6. Für die Sauce die Butter in einer Pfanne erhitzen. Die Zwiebel und die Knoblauchzehen schälen, fein würfeln, ins Fett geben und glasig schwitzen.

7. Den Weißwein und den Spargelfond angießen und einmal kräftig aufkochen lassen.

8. Die verlesenen, gewaschenen und fein geschnittenen Kräuter mit der Sahne in die Sauce geben und kräftig aufkochen lassen. Mit Salz, Pfeffer, Muskat und Cayennepfeffer abschmecken und mit etwas angerührter Speisestärke leicht binden.

9. Zum Schluss das Basilikumpesto unter die Sauce rühren, aber nicht mehr kochen lassen. Die Spargelpäckchen mit der Sauce anrichten, mit Kräuterzweigen ausgarnieren, mit gedünstetem Herzsalat, gebratenen Paprikarauten und bissfest gegartem Wildreis servieren.

Zubereitungszeit: 20-25 Minuten

Spargelauflauf mit Spinat und Lachs

Für 4 Personen:

1 kg weißer Spargel
1 l Salzwasser oder Gemüsebrühe
50 g Butter
1/2 Zitrone
Salz, Pfeffer aus der Mühle
1 Prise Cayennepfeffer
1 Prise Zucker
20 g Butter
4–5 Tomaten
250 g Blattspinat (TK-Produkt)
Butter oder Margarine zum Ausfetten
250 g Räucherlachs
100 g geschälte Sonnenblumenkerne
300 ml süße Sahne
6 Eier
1 Prise Muskat
einige Zweige Rosmarin
Kräuterzweige zum Garnieren

1. Den Spargel putzen, dünn schälen und die unteren Enden abschneiden. Salzwasser oder Gemüsebrühe mit der Butter und der Zitronenhälfte in einem Topf zum Kochen bringen.

2. Den Sud mit Salz, Pfeffer, Cayennepfeffer und Zucker kräftig abschmecken und den Spargel darin bissfest garen.

3. Die Butter in einer Pfanne erhitzen. Die Tomaten waschen, den Strunk herausschneiden, die Tomaten würfeln, ins Fett geben und anschwitzen. Mit Salz, Pfeffer und Cayennepfeffer würzen.

4. Den Blattspinat auftauen lassen. Eine Auflaufform ausfetten und schichtweise den Räucherlachs, die Tomaten, den Spargel und die Sonnenblumenkerne einfüllen.

5. Die Sahne mit den Eiern in einer Schüssel verschlagen, mit Salz, Pfeffer, Cayennepfeffer und Muskat würzen.

6. Die Rosmarinzweige verlesen, waschen, die Nadeln fein schneiden und unter die Eisahne rühren. Die Eisahne gleichmäßig über den Spargelauflauf gießen und diesen im auf 180–200 °C vorgeheizten Backofen 20–25 Minuten garen.

7. Nach Ende der Garzeit den Spargelauflauf aus dem Ofen nehmen, dekorativ anrichten, mit Kräuterzweigen ausgarnieren und servieren.

Zubereitungszeit: 40–45 Minuten

Bunte Spargelpfanne mit Salami

Für 4 Personen:

2 Knoblauchzehen, 1 Zwiebel
2–3 EL Olivenöl
2–3 Frühlingszwiebeln
200 g braune Champignons
Saft von 1 Zitrone
150 g luftgetrocknete Salami
je 500 g bissfest gegarter grüner und weißer Spargel
50 g Butter
Salz, Pfeffer aus der Mühle
1 Prise Muskat
1 Prise Cayennepfeffer
einige Tropfen Worcestersauce
1 Prise Zucker
Kräuterzweige zum Garnieren

1. Die Knoblauchzehen und die Zwiebel schälen und fein würfeln. Das Olivenöl in einer Pfanne erhitzen, Knoblauch und Zwiebelwürfel darin glasig schwitzen.

2. Die Frühlingszwiebeln putzen, waschen, klein schneiden, zu den Knoblauchzwiebeln geben und mitschwitzen.

3. Die Champignons putzen, je nach Bedarf halbieren oder vierteln, mit Zitronensaft beträufeln, zu den Zwiebeln geben und mitschwitzen.

4. Die Salami in dünne Scheiben schneiden, mit dem in mundgerechte Stücke geschnittenen Spargel zum Gemüse geben und durchschwenken.

5. Die Butter untermischen, mit Salz, Pfeffer, Muskat, Cayennepfeffer, Worcestersauce und Zucker abrunden und weitere 4–5 Minuten braten.

6. Die bunte Spargelpfanne dekorativ anrichten, mit Kräuterzweigen garnieren und mit gebratenen Kartoffelecken servieren.

Zubereitungszeit: 20–25 Minuten

Spargel-Schinken-Lasagne

Für 4 Personen:

Für die Sauce:
30 g Butter
30 g Mehl
400 ml Milch
100 ml süße Sahne
75 g geriebener Parmesankäse
Salz, Pfeffer aus der Mühle
1 Prise Muskat
1 Prise Cayennepfeffer

Außerdem:
Butter zum Ausfetten
1 Packung Lasagneplatten ohne Vorkochen
300 g gekochter Schinken
800 g bissfest gegarter, weißer Spargel
200 g geriebener Butterkäse
100 g Mozzarella
1/2 Bund Petersilie
Spargelspitzen, Tomatenwürfel
Kräuterzweige zum Garnieren

1. Die Butter in einem Topf erhitzen, das Mehl mit dem Schneebesen einrühren. Die kalte Milch und die Sahne angießen und das Ganze zu einer sämigen Sauce verkochen.

2. Die Sauce durch ein Sieb streichen und erneut erhitzen. Den geriebenen Parmesankäse einrühren, mit Salz, Pfeffer, Muskat und Cayennepfeffer würzen.

3. Eine Lasagneform ausfetten, schichtweise Lasagneplatten, Schinkenscheiben, Spargel, die Hälfte des geriebenen Butterkäses und die Sauce einfüllen.

4. Mit dem restlichen Butterkäse und dem in Scheiben geschnittenen Mozzarella abdecken, die verlesene, gewaschene und fein gehackte Petersilie darüber streuen und die Lasagne im auf 180–200 °C vorgeheizten Backofen in 35–40 Minuten garen.

5. Die Spargel-Schinken-Lasagne aus dem Ofen nehmen, mit Spargelspitzen und Tomatenwürfeln auf heißen Tellern anrichten, mit Kräuterzweigen garnieren und servieren.

Zubereitungszeit: etwa 1 Stunde

Gebratener grüner Spargel mit Gnocchi und Pesto

Für 4 Personen:

800 g grüner Spargel
2 Zwiebeln
150 g durchwachsener, geräucherter Speck
2–3 EL Butterschmalz
2–3 Tomaten
30 g Pinienkerne
600 g frische Gnocchi (aus dem Kühlregal)
Salz, Pfeffer aus der Mühle
1 Prise Muskat
1 Prise Cayennepfeffer

Für das Pesto:
1 Bund Basilikum
1–2 Knoblauchzehen
80 g frisch geriebener Parmesankäse
20 g Pinienkerne
Saft von 1/2 Zitrone
200 ml Olivenöl

Außerdem:
frisch gehobelter Parmesankäse
Kräuterzweige zum Garnieren

1. Den Spargel waschen, die unteren Enden abschneiden und den Spargel je nach Bedarf halbieren oder vierteln.

2. Die Zwiebeln schälen und in feine Würfel schneiden, den Speck ebenfalls würfeln.

3. Das Butterschmalz in einer Pfanne erhitzen, den Speck und die Zwiebeln darin kurz braten.

4. Die Spargelstücke dazugeben und zugedeckt je nach Dicke der Spargelstangen 8–10 Minuten garen.

5. In der Zwischenzeit die Tomaten enthäuten, entkernen und in Würfel schneiden. Mit den Pinienkernen und den Gnocchi zum Spargel geben und kurz mitbraten. Mit Salz, Pfeffer, Muskat und Cayennepfeffer kräftig abschmecken.

6. Für das Pesto das Basilikum verlesen, waschen, gut abtropfen lassen und zerpflücken.

7. Die Knoblauchzehen schälen und fein würfeln. Basilikum, Knoblauch, den geriebenen Parmesankäse und die Pinienkerne in einen Mixer füllen, leicht salzen, den Zitronensaft dazugeben und das Ganze kräftig mixen.

8. Zum Schluss das Olivenöl untermischen. Mit Salz, Pfeffer und Cayennepfeffer nachwürzen.

9. Die Gnocchi mit grünem Spargel auf heißen Tellern anrichten, das Pesto darüber träufeln, mit frisch gehobeltem Parmesankäse bestreuen, mit Kräuterzweigen garnieren und servieren.

Zubereitungszeit: 20–25 Minuten

Schwäbischer Spargeltopf mit Spätzle

Für 4 Personen:

100 g Karotten
100 g Frühlingszwiebeln
100 g braune Champignons
Saft von 1 Zitrone
100 g grüne Bohnen
500 g bissfest gegarter Spargel
1–2 EL Butter
1 Zwiebel
2 Knoblauchzehen
Saft von 2 Zitronen
1 l Gemüsebrühe
2 Lorbeerblätter
Salz, Pfeffer aus der Mühle
1 Prise Cayennepfeffer
1 Prise Muskat

Außerdem:
600 g Schweinefilet
Fett zum Braten
400 g Spätzle (hausgemacht oder Fertigprodukt)
je 1/2 Bund Schnittlauch und Petersilie

1. Die Karotten schälen, die Frühlingszwiebeln putzen und in mundgerechte Stücke schneiden.

2. Die Champignons putzen, halbieren oder vierteln, mit Zitronensaft beträufeln.

3. Die geputzten grünen Bohnen und den bissfest gegarten Spargel in Stücke schneiden.

4. Die Butter in einem Topf erhitzen, die Zwiebel und die Knoblauchzehen schälen, fein würfeln, ins Fett geben und glasig schwitzen. Karotten, Frühlingszwiebeln, Pilze und Bohnen hinzufügen und kurz mitschwitzen.

5. Den Zitronensaft darüber träufeln, die Gemüsebrühe angießen, die Lorbeerblätter einlegen und das Ganze zum Kochen bringen.

6. Mit Salz, Pfeffer, Cayennepfeffer und Muskat kräftig abschmecken und bei mäßiger Hitze 15–20 Minuten köcheln lassen.

7. Kurz vor Garende den Spargel dazugeben und fertig garen.

8. Das küchenfertige Schweinefilet unter fließendem Wasser waschen, trockentupfen und in Scheiben schneiden. Mit Salz und Pfeffer kräftig würzen.

9. Fett in einer Pfanne erhitzen und das Fleisch darin braten. Mit den Spätzle in den Spargeltopf geben und erhitzen.

10. Den schwäbischen Spargeltopf mit den verlesenen, gewaschenen und fein geschnittenen Kräutern bestreuen und servieren.

Zubereitungszeit: 35–40 Minuten

Register

ISBN 3-907194-25-X